1 MONTH OF
FREE
READING

at
www.ForgottenBooks.com

By purchasing this book you are eligible for one month membership to ForgottenBooks.com, giving you unlimited access to our entire collection of over 1,000,000 titles via our web site and mobile apps.

To claim your free month visit:
www.forgottenbooks.com/free1297546

ISBN 978-0-428-94707-1
PIBN 11297546

Der Stern.

Deutsches Organ der Kirche Jesu Christi der Heiligen der letzten Tage.

→ Gegründet im Jahre 1868. ←

| № 15. | 1. August 1907. | 39. Jahrgang. |

Was hat der Mormonismus für die Frauenwelt getan?

Von Susan Y. Gates.

Was hat das Evangelium für die Frauen der Kirche getan?

„Wahrlich an ihren Früchten werdet ihr sie erkennen!" Wenn der sogenannte Mormonismus seine Frauen entehrt und sie zu Sklavinnen gemacht hätte, wie unsere Gegner behaupten, so gäbe es schon genügende Veranlassung zu christlichen Rettungsversuchen. Laßt uns die Sache einmal näher betrachten.

Bürgerliche Vorrechte.

Die Frauen Utahs waren die zweiten, die das Wahlrecht in den Vereinigten Staaten erhielten, die des Staates Wyoming gingen ihnen voran. Im Februar 1870 entwarf die Legislatur Utahs ein Gesetz, welches den Frauen des Staates die Stimmfähigkeit verlieh. Dieser Antrag wurde von jenem biederen alten Freund des Frauenrechtes, Abraham O. Smoot, Vater des Senators Reed Smoot, zur Unterhandlung gebracht. Washingtoner Politiker erhofften durch die Verleihung der Wahlfähigkeit an die vermeintlich unterdrückten Mormonenfrauen die Auflösung der Kirche. Allein als gerade das Gegenteil sich herausstellte und die Frauen für ihre leidlichen Brüder, Väter und Söhne, statt für ihre Feinde, stimmten, beschloß der Kongreß, die Wahlberechtigung aufzuheben, was im Jahre 1886 wirklich geschah. Jedoch war im Befähigungs-Akte des neuen Staates, im Januar 1896 rechtskräftig gemacht, die Stimmfähigkeit aller Utaher Frauen inbegriffen. Selbst dann waren wir die dritten in der Fortschrittsbewegung für Frauen, da Wyoming und Colorado allein uns an der Erteilung des Wahlrechtes an die Frauen vorangegangen sind. Frauen sind seit mehr als dreißig Jahren Glieder von Schulpflege-Ausschüssen und anderen öffentlichen ratenden Körperschaften gewesen. Sie haben in beinahe jedem bürgerlichen Amte, das des Gouverneurs oder eines Richters ausgenommen, seit der Staatwerdung Utahs fungiert. Sie sind seit der Gründung des Territoriums Mitglieder von konstitutionellen Konventionen, Schreiberinnen an Legislaturen, Gehilfinnen auf städtischen und grafschaftlichen Bureaux gewesen. Frauen sind in die Legislatur entsandt worden und bilden immer einen Teil der zivilen Maschinerie an Vorwahlen, an städtischen und grafschaftlichen Konventionen. Frauen besitzen ihr Eigentum unabhängig von ihren männlichen Anverwandten. Sie dürfen kaufen, verkaufen, vererben oder verpfänden ohne die Zustimmung des Mannes. Jedoch darf heutigentags kein Mann ein Grundstück ohne die Unterschrift der Frau vermachen. Dies dient zur Förderung des Heimes und des Eigentumsrechtes der Frau. Das Einwilligungs= alter wurde vor zwanzig Jahren (dank den Bestrebungen von Emmeline B. Wells und anderen) zu sechzehn Jahren erhoben. Die schwachen Einwände gegen das Frauen=Wahlrecht werden in Utah durch die Erfahrung umgeworfen. Nicht alle Männer sind fähig, Schutzmänner oder Soldaten zu werden. Äußerst wenige da= runter besitzen die Fähigkeit, Abgeordnete oder selbst Präsidenten zu werden. Das Weiße Haus hat ebenso viele Mißerfolge aufzuweisen als Erfolge. Wenn es einer Frau wie Debora von Israel bedarf, wenn die Männer bis auf die Stufe gesunken sind, welche die damaligen streitenden und schadenfrohen Israeliten ein= nahmen, so wird sie hervorkommen. Es bestehen nun in Utah keine Hindernisse vor dem Hervortreten einer neuen Debora.

Bildungsvorrechte.

Mormonenfrauen lehrten 1831 in Schulen zu Kirtland; seitdem haben Mädchen studiert und Frauen gelehrt am gleichen Orte wie Knaben und Männer. Die Nauvooer Universität wurde im Februar 1841 von Joseph Smith gegründet und gewährte den beiden Geschlechtern die gleichen Vorrechte. Die Universität vom Staate Utah, gegründet von Brigham Young und 1852 patentiert, hat bis jetzt gestattet und gestattet den Frauen immer noch denselben unbeschränkten Zutritt wie den Männern. Damals unterschied man nicht in geschlechtlicher Hinsicht, heute ist es ebenso wenig der Fall. Irgend ein Studium oder Kollegium, das den Männern nutzbringend sein könnte, stand den beiden Geschlechtern offen, wenn die Frauen selbst es für gut hielten. Frauen haben im Schulvorstand, sowohl in der Uni= versität als auch in der landwirtschaftlichen Hochschule, seit deren Gründungstag bis auf heute gewirkt. Die große, von Brigham Young 1874 zu Provo ge= gründete Kirchenschule wurde der Leitung eines fünfgliedrigen Ausschusses unter= stellt, deren eines eine Frau, Mrs. Martha J. Coray, war. Es hat im Ausschuß dieser Schule immer Frauen gegeben. In der Übertragungsurkunde dieses In= stitutes heißt es: „Alle mechanischen Fächer, sowie auch die scholastischen Fächer sollen gelehrt werden". Die erste in eine Utaher Schule eingeführte Handarbeits= klasse wurde 1877 in dieser Provoer als eine Frauenarbeit=Abteilung, geleitet von Zina Young Williams, einer Tochter des Gründers, eingerichtet. Die Musik= Abteilung wurde von einer anderen Tochter Brigham Youngs zur gleichen Zeit eingeführt. Der erste Lehrkörper umfaßte eine Frau, Miß Teenie Taylor, und heutzutage sind unter den zweiundsiebzig Lehrern und Lehrerinnen die beiden Ge= schlechter so ziemlich gleich vertreten. Dieser Tatbestand findet sich auch in den übrigen Staats= und Kirchenschulen. Die Gehälter der Lehrerinnen stehen denen der Lehrer gleich, soweit die Leistungen sich decken. Die erste Hausarbeits= Abteilung in den Kirchenschulen wurde vor fünfzehn Jahren in der Brigham Youngschen Universität zu Provo eingeführt.

Die landwirtschaftliche Hochschule in Utah wurde 1888 gesetzlich patentiert und umfaßt vorzügliche Abteilungen für die allgemeine Haushaltungslehre.

Utah zahlt zwei Fünftel von allen seinen Steuern in die staatlichen und öffentlichen Schulen. Er steht als dritter auf der Ehrenliste der Staaten in Bil= dungsangelegenheiten, da Massachusetts und Rhode Island ihm im Prozentsatz der Analphabeten voran stehen. In Utah stehen den Frauen alle Berufsarten offen, und alle Straßen führen zu ungehindertem Fortschritt und reger Entwickelung. Des Weibes einzige Einschränkung ist die eigene Unzulänglichkeit.

Gesellschaftliche Vorrechte.

Es wäre auf der ganzen Erde wohl unmöglich, eine Kommune zu finden, in der die Frauen in der Gesinnung, im Wort oder in der Tat unabhängiger

wären als in Utah. Man plaudere mit ihnen in irgend einer Stadt oder Ortschaft, man beobachte ihr Wesen, untersuche ihr Schaffen. Geistreich, weil sie die
rüstige Kraft ererben, die ihre Mütter tapfer genug machte, sich der Welt Hohn
auszusetzen in der Annahme einer verpönten Religion. Nur dem Grundsatz der
Rechtschaffenheit gemäß lassen sie sich belehren und beraten. Die Frauen wurden
1842 vom Propheten Joseph Smith in einer Vereinigung organisiert, die man
den Frauen-Hilfsverein nennt. 1869 wurde von Brigham Young mit Hilfe der
größten und weisesten aller Mormonenfrauen, Eliza R. Snow, ein Fortschritts-
verein für junge Töchter in der Kirche gegründet. 1878 wurde Frau Elmina
S. Taylor an die Spitze dieser Mädchenvereinigung gestellt. Zehn Jahre später
wurden die Kinder der Kirche vom Präsidenten John Taylor nebst Eliza R. Snow
in Elementar-Religionsklassen zusammengebracht, und diese Klassen werden von
Frauen dirigiert und unmittelbar geleitet. Frau Louise B. Felt wurde damals
zur Präsidentin ernannt und hat das Amt immer noch inne. Also gibt es heute
drei Frauen-Organisationen in der Kirche mit einer Mitgliedschaft von ca. 90,000
bis 100,000 Seelen. Unter diesen zählt man ungefähr 15,000 Beamte. Diese
leitenden Frauen haben eine vieljährige Erfahrung in Verwaltungsangelegenheiten,
soweit es gesellschaftliche und pädagogische Tätigkeit anbelangt. Sie sind tüchtige
Geschäftsleute, verfügen sogar über ungefähr 100,000 Dollar jährlich zur Förderung
ihrer Sache. Ein solches Ding wie Schulden oder finanzielle Abhängigkeit von
den Männern oder der Kirche hat bis jetzt in ihren Berechnungen keinen Platz
gefunden. Die drei Organisationen sind gänzlich selbständig, und die Beamten
widmen sich diesem Dienste ohne jede Vergütung. Sie veröffentlichen drei Zeit-
schriften: die älteste, der „Woman's Exponent", gegründet den 1. Juni 1872, ist
vierunddreißig Jahre alt; die zweite, das „Young Woman's Journal", besteht
seit siebzehn Jahren; und die Zeitschrift für die Elementar-Religionsklassen, der
„Children's Friend", zählt jetzt den sechsten Jahrgang. Diese literarischen Unter-
nehmungen werden ausschließlich von Frauen redigiert und geleitet, sie stecken nie
in Schulden, und einige haben sogar noch ganz niedliche Reservegelder auf der
Bank. Die Mädchen der Kirche haben die moderne geldliche Unabhängigkeit ein-
geatmet, daher sind Tausende unter ihnen Stenographinnen, Verkäuferinnen, Künst-
lerinnen und Lehrerinnen. Etwelche sind Ärztinnen, Dr. Roumania Penrose (in
letzter Zeit mit ihrem Manne auf Reise in Deutschland) war darunter die erste.
Sie graduierte auf der „Pennsylvania College". Viele haben das berufsmäßige
Studium der Musik erwählt. An der Spitze der literarischen Frauen stehen Eliza
R. Snow und Emmeline B. Wells, letztere ist aber auch Clubfrau, Legislatorin
und Wohltäterin. Hunderte haben sich schon begeben, Hunderte begeben sich immer
noch nach dem Osten, um fachmännische Übung in Berufen und Handwerken zu
erwerben. Wenn es keine Wahrheit oder Schönheit in ihrer Religion gäbe,
würden Knaben und Mädchen aus Harvard, Yale, Columbia, Pratt, Leland Stand-
ford, Johns Hopkins und Ann Harbor zurückkehren, um sich von ihr, von Irrtum und Herabwürdigung, leiten zu lassen? Der gegenwärtige Präsident der
Kirche, Joseph F. Smith, vertritt den Standpunkt, daß wenn nur ein Geschlecht
die höhere Bildung genießen darf, so solle es das weibliche sein. Die Mädchen
sind die künftigen Mütter, und ein Strom steigt niemals höher als seine Quelle.
Die Eltern bringen unablässige, jedoch willige Opfer an Zeit und Mitteln dar,
damit die jüngere Generation alle Vorteile der von Kirchen- und Staatsuni-
versitäten gebotenen höheren Bildung genieße.

Religiöse Vorrechte.

Die erste religiöse Handlung des Propheten Joseph Smith war, die in des
Heilands Gebot an seine Jünger angedeutete Tatsache hervorzuheben: „Gehet in
alle Welt und verkündigt das Evangelium allen Geschöpfen". Das Evangelium
kennt kein Geschlecht in der Verwirklichung dieses großen Befehls. Von der

Gründung der Kirche an bis auf den heutigen Tag wurde dem Mann und dem Weib die gleiche religiöse Freiheit gewährt. Um des Volkes Abstimmung für solche, die Ämter in der Kirche bekleiden, wird jährlich gebeten. Die Frau bezeigt ihre Zustimmung gerade wie ihr Mann oder Bruder. Beide sind völlig berechtigte Bürger ihres religiösen Gemeinwesens. Nicht alle Männer sind es, genauer gesagt, wenige sind es, die amtlicher Tätigkeit, politischer oder religiöser, gewachsen sind. Bürgerschaft schließt nicht etwa amtliches Wirken in sich, ausgenommen in Fällen, wo Verhältnisse und Begabung sich als günstig erweisen. Frauen sind die Mütter der Race, können daher nicht die öffentlichen Organisatorinnen sein.

Mormonenmädchen werden, wenn sie der häuslichen Verpflichtung entbunden sind, disweilen zu Missionszwecken in die Nationen der Erde ausgesandt. Nicht alle Frauen vermögen zu gehen, jedoch alle dürfen gehen. Das Heim aber hindert sie oft, nicht etwa eine religiöse Unfähigkeit. Es gibt Tausende von Mädchen in dieser Kirche, die ausgezeichnete Missionarinnen sein würden, allein sie können nicht zur gleichen Zeit Mütter und umherreisende Missionärinnen sein.

Frauen fungieren in den von diesem Volke errichteten Tempeln, gerade wie die Männer. Sie sind dort Hohepriesterinnen und haben als solche ihre geheiligte Arbeit und ihren eigenen ehrwürdigen Stand. Die angeborene Höflichkeit der Männer steigert sich aus dem vollen Bewußtsein, daß nur in der Elternschaft die unbegrenztesten Möglichkeiten der Race ihre Verwirklichung finden.

Jedes Vorrecht ist gewährt, ehe man nur darum bittet, was für eine Einwirkung muß nun dieser sogenannte Mormonismus auf des Lebens Burg, das Heim, haben? Es besteht eine holde Genossenschaft und Lebensgemeinschaft unter den Heiligen, die man anderweitig nicht findet. Sie gelten alle für „Brüder und Schwestern". Sie werden in Liebe geleitet und üben folglich das gleiche Gesetz der Freundlichkeit und Bruderliebe auf den Nächsten aus. Es gibt einen himmlischen Frieden und Einheitssinn im Bereiche des Evangeliums, den die Welt weder zu geben noch wegzunehmen vermag. Die beherzte Ergebung zu Gott und seinem Reiche, die einige unserer Feinde so scharf anfeindet, ist ein Teil jener lieblichen Ergebenheit, die im Heime unseres himmlischen Vaters eine Rolle spielt. Wenn die Mormonenfrau die Welt nicht liebte, würde sie ihren Sohn und Bruder nicht hinaussenden, um wegen der Botschaft göttlicher Liebe, die er bringt, beschimpft, geschlagen und mißhandelt zu werden. Sie entsagt sich des Lebens Labsale, während ihr Mann alle die damit verknüpften Unkosten erträgt; ja sie unterstützt sich selbst und ihre Kinder, während ihr Mann oder ihr Sohn einer undankbaren Welt eine unerwünschte Botschaft bringt. Wie soll der Mensch denn größere Liebe hegen, als sein Eigenes aufopfern, um andere zu segnen? (Era.)

Die Ethik des Unheiles.
Von Milton Bennion M.-A.

> „Unheil ist der Tugend Born."
> Seneca.

Die Beschaffenheit des Bösen und seine Beziehungen zum menschlichen Leben sind zu jeder Zeit die wichtigsten Probleme der philosophisch-religiösen Denker gewesen. Das Böse ist zweierlei: körperlich und moralisch, deren beides einer philosophischen Auslegung bedarf. Die ausschließlich religiöse Auslegung bezieht sich im allgemeinen auf moralische Übel oder die Sünde. Einige der merkwürdigsten dieser Auslegungen sind die Lehren der Perser und Hebräer, und ein näheres Eingehen darauf findet sich in den Schriften des heiligen Augustus und im Buch Mormon. Die im Buch Mormon niedergelegte Erklärung des Bösen ist eine der merkwürdigsten in der ganzen religiösen Literatur. Sie stimmt auch mit einigen der hauptsächlichsten philosophischen Theorien überein. Diese vertreten die Ansicht, daß ohne die Möglichkeit des moralischen Übels, keine Tugend bestehen könne, und daß die höhere Entwickelung einiger Tugenden im großen Maße von dem wirklichen Vorhandensein der Sünde abhange. Die Sünde aber könne um sich selber willen gar nicht existieren, sondern bestehe lediglich um des Guten willen. Umgang mit Lügnern lehrt einen den Wert der Ehrbarkeit schätzen; die Kleinlichkeit der Afterredner erweckt die Sehnsucht nach edler Gesinnung und gibt ihr um so größeren Reiz; die Tyrannei unter Herrschern entfacht die Liebe für Freiheit und gleiche Vorrechte unter den Menschen.

Es ist aber nicht meine Absicht, moralische Übel zu erörtern. Mit Unheil will ich jene unabwendbaren Übel bezeichnen, die der Menschheit widerfahren. Diese Übel lassen sich in zwei Klassen teilen: solche, die zweifellos einer anderen Quelle, unabhängig von uns ihre Entstehung verdanken, wie Überschwemmungen, Erdbeben, Feuersbrünste und Hungersnot; und zweitens solche, die sich unmittelbar auf den menschlichen Körper beziehen. Viele materialistische und skeptische Schriftsteller moderner Zeiten haben aus dieser Gattung von Übeln sehr viel Redens gemacht und die Tatsache des Vorhandenseins solcher Unglücke zum Einwand gegen den Glauben an eine göttliche Vorsehung gemacht. In ihrer dünkelhaften Mißdeutung einiger Ergebnisse der physikalischen Wissenschaft haben solche Schriftsteller sich sogar erlaubt, einige der Schöpfungsfehler aufzuzählen und zu erklären, wie entschieden besser die Ergebnisse gewesen wären, wenn die erschaffende Kraft im Weltall durch ihre eigene Weisheit geleitet worden wäre. Wenn die Welt das Werk eines allweisen und allmächtigen Schöpfers ist, fragen sie, warum hat er denn felsige Höh'n und öde Wüsten, Krankheitskeime, ja den Tod und tausend andere Dinge erschaffen, die das menschliche Glück nur zu stören scheinen? Weil es nun ihnen selbst mißlingt, eine befriedigende Antwort auf diese Frage zu ersinnen, setzen sie den Gedanken, daß Intelligenz und Zweckmäßigkeit in der Schöpfung zu ersehen seien, der Verhöhnung aus. Es ist alles, ihrer Ansicht nach, ein ungeheurer, blinder Kampf ums Dasein, der nur unermeßlichen Verlust, Schmach und endlich die gänzliche Vernichtung aller lebenden Geschöpfe in sich birgt.

Laßt uns die Tatsachen von einem anderen Standpunkte aus betrachten. Was halten die besten ethischen Systeme für den Endzweck oder das Ziel des menschlichen Lebens? Gewiß die geistige oder moralische Vollkommenheit. Kein anderes Ziel wäre des Menschen würdig. Und was sind die notwendigen Bedingungen des Fortschritts im Charakter? Das Vorhandensein im Leben von gerade diesen Übeln, deren der Skeptiker sich beklagt. Wenn es keine Schwierigkeiten zu überwinden gäbe und man nie der Hilfe oder des Mitleides bedürfte, was würde aus dem Menschen werden, veranlagt, wie er jetzt ist? Man mag aber vorausgesetzt haben, daß er nur die himmlische Wonne genießen würde. Allein um das Leben unter solchen Verhältnissen zu genießen, wäre eine neue Zusammenstellung der menschlichen Natur oder eine „Entmenschlichung" des Menschen erforderlich. Das würde schon aus zwei Gründen erfolgen müssen:

Erstens ist der Mensch in erster Linie ein tätiges Wesen, und er kann das ihn kennzeichnende Leben gar nicht führen, wenn er keine Hindernisse zu beseitigen hat. Alle Wissenschaft und alle fachmännische Kenntnis und Geschicklichkeit, die Medizin, die Rechte, das Lehren und Predigen: alle sind Ergebnisse der menschlichen Tätigkeit im Überwinden von Schwierigkeiten. Entnehme man dem Leben die Notwendigkeit, Schwierigkeiten zu überwinden, so werden diese Dinge von Menschen nicht mehr erstrebt; oder man lasse sie ihm ohne jedes Bemühen darum zuteil werden, so wird er sie nicht schätzen. Irgend eine dieser beiden Folgerungen würde dazu neigen, den Endzweck des menschlichen Lebens zu vereiteln.

Zweitens ist es eine unwiderlegbare Tatsache, daß Unglücke die wirksamsten Mittel sind, die edleren Tugenden, wie brüderliche Liebe, Mitgefühl, Zärtlichkeit und moralischen Mut, zu fördern. Es ist kein ungewöhnliches Vorkommnis, daß Einer, wenn ein großes Unglück ihn trifft, oder wenn er stirbt, selbst dann eine gute Nachrede findet, wenn in seinen guten Tagen und zu seinen Lebzeiten nur Schlechtes von ihm erzählt worden ist. Man vergißt seine Schwächen und denkt nur an die Tugenden, selbst wenn letztere gesucht werden müssen. Dieses Mitgefühl und Wohlwollen wird auch der Familie und den Anverwandten des Unglücklichen erwiesen. Die größte Anzahl Zuhörer und die besten Predigten findet man gewöhnlich bei einer Beerdigungsfeier. Und ist der Mensch mit irgend welchen moralischen Möglichkeiten wohl zu finden, der einem schweren Krankheitsanfall, entweder bei sich selbst oder in der Familie, entronnen und nicht moralisch stärker geworden wäre? Was hat man im großen ganzen für die Folge von Erdbeben, großen Feuersbrünsten und Hungersnot bemerkt? Wie Tausende mit Sympathie und Wohltaten zu Hilfe kommen, was ihnen sonst wohl gar nicht eingefallen wäre. Und gerade diese brüderliche Liebe und Güte sind als die hehrsten Tugenden des Menschen zu schätzen.

Man könnte entgegnen, daß der Mensch derart veranlagt sei, diese Tugenden ohne begleitende Sorgen zu pflegen. Man vergißt aber, daß in rechtschaffenem Kummer eine tiefere Freude liegt, die zu der Schönheit und Fülle des Lebens vieles beiträgt. Außerdem wäre es ein fataler Einwand gegen jene Ansicht, daß die menschliche Persönlichkeit, die man so hoch schätzt, eine neue Veranlagung nach einem anderen Plane nicht zuließe, wenn es auch ein wohlwollender Schöpfer selbst ausführen wollte. Der Mensch verlangt nicht, daß Gott die menschliche Persönlichkeit umändere, sondern nur, daß er (Gott) solche Verhältnisse anderaume, die er (der Mensch) selbst zur Förderung der Selbstentwickelung verwerten kann. Des Menschen Persönlichkeit muß in ethisches Wesen umgewandelt werden, und das muß er in erster Linie selbst erstreben. Zu den wichtigsten Erscheinungen dieser Umwandlung finden sich die sogenannten Übel, die die Menschheit treffen. In der Auslegung dieser irrte sich der Materialist darin, daß er das körperliche Wohlsein für den Endzweck des Lebens erkannte.

Möglicherweise könnte man nun den Einwand erheben, daß, weil Unheil von diesem Standpunkte aus vorteilhaft ist, die Menschen sich der Suche danach begeben oder doch wenigstens keine Maßnahmen dagegen nehmen sollten. Eine solche Haltung würde den sonst erreichten Zweck selbstverständlich wieder vereiteln. Ein wesentlicher Bestandteil der Entwicklung entspringt aus der Tätigkeit des Menschen, Unheil abzuwehren; und wenn es einen doch einmal trifft, so werden die besseren Züge im Menschen und in seiner Umgebung zum großen Teile dadurch gepflegt, daß es hereingebrochen ist trotz aller seiner Mühe, es fernzuhalten. Umhergehen und nach dem Tod oder irgend einem anderen Unglück suchen, würde das Gute sicher vereiteln, das sonst erfolgen müßte. Das ergibt sich klar aus den moralischen Wirkungen des Selbstmords.

Man sollte daher mit allem Fleiß suchen, Unheil vorzubeugen; allein wenn es ungeachtet aller Mühe eintrifft, so solle man es zum moralischen Vorteile verwerten. Dies ist dadurch zu erreichen, daß aus solchen Vorfällen das Meiste zur Förderung der Tugend verwirklicht wird.   (Era.)

Zimmer, „Familienvater, Christ und deutscher Pastor.“

Pastor Zimmer und kein Ende. Zimmer, der wackere Verleumdungströdler, weiland Sonntagsblätter-Briefheld, Vorkämpfer für Tugend(?). Wenigen von uns ist es gegönnt, ganz unverzüglich solch ungemein großen Ruhm zu erwerben, wie es der heldenhafte Zimmer vor vier Jahren durch einen einzigen Brief erreichte. Das Ding war gut ersonnen, Erfolg konnte nicht ausbleiben. Fortan finden wir seine Feder rege beschäftigt, doch zweifeln wir, ob einer der darauffolgenden Briefe der deutfchen Sprache einen fo erftaunlich reichen Zitaten=Schaß über „heidnifche Unmoral", fo viel lügnerifchen Quatfch über die vermeintlich verderbten Mormonen in die Ohren der Herren Pfarrer und der Gläubigen abgeladen hätte als der erfte. Faft fchade wäre es, wenn es uns jeßt gelingen follte, folch nette Gefchichtchen bloßzulegen; allein von uns wird um Orientierendes über den guten Zimmer=gedeten, und wir finden uns fchließlich genötigt, die ganze Sache etwas zu beleuchten.

Als Paftor Zimmer fich eines Tages im Spätherbft 1903 in feinem Studier=zimmer hinfeßte, unternahm er die Ausführung eines Rettungsverfuchs, der ihm fchon lange am Herzen gelegen war: feine Landsleute einmal dringendft vor den Mormonen zu warnen. Was könnte feine Sache nun beffer fördern, als einige nähere Angaben über fittlich gefcheiterte oder doch wenigftens ins Elend gefunkene Ausgewanderte, die dem Mormonentum drüben ihr Verderben verdankten? Aus den recht feffelnden Zeiten feines Briefes, der unferen Lefern in Bruchftücken mehr oder minder dekannt fein dürfte, draucht nur hervorgehoden zu werden, daß das ganze Schreiden den herzerfchütternden Klagen folcher Verlorenen feine Entftehung verdanken foll. Alles Erwähnte können wir hier nicht durchmuftern, denn es würde fchließlich nur eine Wiederholung von dem fein, was wir unlängft gefagt haden. Genüge es daher, Paftor Zimmers Durchtriebenheit durch unleugbare Be=lege ans Licht zu dringen und unfere allgemeine Haltung dann nur durch Verweife auf kürzlich im „Stern" erfchienene Auffäße darzuftellen.

Wie gefagt, Herr Zimmer richtete fein Schreiden an einen Amtskollegen in Heilbronn, doch drang die ganze Gefchichte im Laufe der Zeit wieder nach Amerika, dezw. nach der Salzfeeftadt, wo der vorgeblich elende Schuhmacher „B" und andere von Zimmers wunderlichen Buchftabenmenfchen wohnten. Und die Folge war — ein von mehr als zweihundertfünfzig der hervorragendften Ausgewanderten unter=fchriebener Brief, der Paftor Zimmers Angaben in faft jeder Einzelheit widerfprach und adlehnte. Was tat nun darauf der gute Zimmer, wird man fragen? Hat er feine Behauptungen bewiefen? Eben nicht. Dann hat er wohl künftig gefchwiegen? Auch nicht. Nein, Belege konnte er in der dlauen Luft nicht ergreifen, anderweitig hätte er umfonft gefucht; mangelte es ihm aber an Beweifen, fo war er mit Ein=bildungsvermögen umfo reichlicher gefegnet, alfo ließ er fich nicht ftören, fondern fuhr in feinem Phantafieren ruhig fort, die Hauptfache war, daß eine Warnung erfchalle!

Zimmer deehrt Utah nicht mehr durch feinen Aufenthalt, der fchöne Vogel hat anderswo fein Neftchen gedaut. Warum das? Kann er von außerhalb den Krieg gegen die Mormonen beffer führen? Nein, Seinesgleichen, und es find ihrer viele, wählen fich in erfter Linie die Salzfeeftadt aus, der dortige Poftftempel fcheint ihren Angaben einen größeren Schein der Echtheit zu verleihen. Hat er fich denn dort gefürchtet? Der ehrliche Menfch foll fich nirgends fürchten; dann wäre noch ftark zu detonen, daß viele folche Maulwürfe gerade in der Salzfee=ftadt wühlen und niemals eine Störung erleiden. Wollte er fich denn fchließlich nicht mehr gegen das Mormonentum ftellen? Bewahre, er wäre dann eden nicht Zimmer gewefen! Wie läßt fich aber feine „Verfeßung" nach Miffouri erklären? Man fagt drüben, es fei lediglich aus dem Grunde gefchehen, daß feine eigene Gemeinde ihn nicht länger haden wollte. Das können wir nicht mit Sicherheit beftätigen, allein es hat jede Spur der Glaubwürdigkeit und Wahrfcheinlichkeit an fich. Man höre jeßt den erften Teil des oden erwähnten Briefes, die Hälfte, die für uns ganz befonders in Betracht kommt.

„Hierüber erlauben fich Unterzeichnete folgendes Zeugnis zu geben in detreff der von G. A. Zimmer erwähnten Punkte und erklären in allem Ernfte, deglaudigt durch den Siegel eines Notars, daß der Inhalt des odigen, von Paftor G. A. Zimmer, 822 Eaft, 2 South, Salt Lake City, Utah, gefchriebenen Briefes durchaus Unwahrheit und, im ganzen genommen, nichts als Verleumdung ift.

Der erwähnte Schuhmachermeifter „Sch." ift Friedrich Schellenberger aus Böckingen, der wohl dort deffer dekannt ift als hier. Ob er fich als Mitglie er

Kirche Jeſu Chriſti der Heiligen der letzten Tage betrachtet, iſt uns unbekannt. Dieſer Schellenberger büßte einmal eine achtzehnmonatige Strafe im Zuchthaus zu Schwäbiſch Hall wegen Unzucht ab. Gleich nachher reiſte Schellenberger nach Utah. Ob er nun, per Empfehlung von Paſtor Zimmer, als eine zuverläſſige Quelle für richtige Auskunft über die Mormonen gelten dürfte, überlaſſen wir Allen.

Der in Paſtor Zimmers Brief erwähnte Schloſſer B. (im Briefe ſtanden wirklich nur die Namensbuchſtaben; jetzt aber ſcheint uns jede Hoffnung der Berichtigung verloren, da in den letzten Briefen von dem ehrwürdigen Herrn ſelbſt die Buchſtaben fehlen; ob das womöglich aus Vorſicht geſchehen iſt?) iſt Schloſſer Thomas Bantel aus Böckingen, der ſeit vorigem Oktober hier in Utah wohnt; dieſer antwortet darauf wie folgt:

Er habe mit ſeinem Wiſſen bis zur Zeit den Paſtor Zimmer in ſeinem Leben noch nie geſehen, daher müſſe dieſer ſeine Auskunft einer anderen Quelle entnommen haben, wenn er ſie nicht ſelbſt erſann. Frau Bantel ſei nicht etwa durch Andere veranlaßt worden, 260 Mark als Zehntengeld zu zahlen, ſondern habe es aus freien Stücken getan. Die Familie Bantel ſei bei ihrer Ankunft in Utah gar nicht enttäuſcht geweſen, noch mangelte es an Mitteln, die Unkoſten der Rückreiſe nach Deutſchland zu decken, wenn man dorthin hätte zurückkehren wollen. Sie ſeien der Barmherzigkeit ihrer Glaubensgenoſſen (oder von ſonſt Jemand) noch nie angewieſen geweſen, ſondern hätten bald nach der Ankunft neunſtündige Arbeit mit Gehalt von $ 1.35 den Tag bei Gebrüder Silver erhalten. Sie fühlten ſich zufrieden im Lande, es gehe ihnen gut, folglich bedürften ſie des Mitleids und Bedauerns des Paſtors Zimmer nicht! Unterzeichnet von

Thomas Bantel und
Frieda Bantel.

Weiter beſchuldigt G. A. Zimmer einen gewiſſen H. D. (Henry Dinwoody, jetzt verſtorben, jedoch zu keiner Zeit Apoſtel, Prophet oder Engel), den Beſitzer eines großen Möbellagers, des Betrugs und der Ausbeutung ſeiner Angeſtellten (die meiſt Deutſche ſein ſollen!) Von den in dem betreffenden Geſchäft angeſtellten Deutſchen wird ſchriftlich bekanntgegeben, daß

„Unter den 65 Angeſtellten ſechs Deutſche ſeien. Dieſe hätten während 1¼ bis 15 Jahre für Henry Dinwoody gearbeitet und von $ 1.75 bis $ 3.50 den Tag verdient. Sie ſeien nie genötigt, anderes Geld als Zahlung anzunehmen, wohl aber freiwillig etwas „Tithing-Money" (gar nicht verwunderlich, da dieſes faſt überall verwertet werden kann) angenommen hätten. Henry Dinwoody habe ſchon oft ſolche deutſche Arbeiter angeſtellt, wenn ſie auch kein Wort engliſch konnten, weil er ihnen eben helfen wollte. Jeder dort Angeſtellte ſei zufrieden und habe keine Urſache zu klagen. Unterzeichnet von

Rudolf F. Pruhs, Neuſtadt, Schleſien.
Karl E. Beutner, Zürich, Schweiz.
Guſtav A. Reichmann, Göppingen, Württemberg.
Friedrich Gomohi, Stettin, Pommern.
Hermann Volker, Hannover.
Max Schmidt, Leipzig."

Die zweite Hälfte des Briefes braucht hier nicht angeführt zu werden, da ſie im weſentlichen nur wiederholt, was in den letzten Nummern des „Stern" geäußert wurde. Man leſe folgendes:

Nummer 4: „Gedrucktes über die Mormonen."

 „ 6: „Zurechtgewieſener Brief eines Nichtmormonen."

 „ 10: „Amtliche Erklärung".

 „ 11: „Keuſchheitsvorſchläge".

 „ 13: „Ein Sektenbüchlein."

A. D. Boyle.

Der Stern.
Deutsches Organ der Kirche Jesu Christi der Heiligen der letzten Tage.

Der Hügel Cumorah.
Von Brigham H. Roberts.

Der Hügel Cumorah liegt an der Landstraße zwischen Manchester und Palmyra in Wayne-Grafschaft, Newyork, und zwar ungefähr vier Meilen südlich der letztgenannten Ortschaft. Geht man ihm aus nördlicher Richtung entgegen, so steht einem die Vorderseite des Hügels gegenüber, die sich aus der allgemeinen

Der Hügel Cumorah.

Fläche des umherliegenden Landes ziemlich schroff erhebt; und da die östlichen und westlichen Abdachungen, wenn von der Nordseite aus betrachtet, einander an regelrechter Gestalt stark ähneln, so sieht die Anhöhe wenigstens bei einiger Entfernung, aus, als wäre sie ein riesiger kegelförmiger Schanzhügel. Das Besteigen der Nordseite bis zum Gipfel vernichtet jedoch diesen falschen Eindruck; denn man findet, daß man nur das schräge Nordende einer Hügelkette besteigen, die ihre größte Ausdehnung vom Norden nach Süden hat und, sich von ihrer zuerst ganz engen Spitze allmählich ausbreitend, mit geringer, südlicher Neigung im ebenen Lande verloren geht. Die Ostseite der Anhöhe ist jetzt Ackerland, allein die Westseite hat die Pflugschar nie gekannt; und in einer Entfernung von ungefähr zwei-

oder dreihundert Ellen vom nördlichen Ende findet sich an der Westseite ein kleiner Wald von jungen Bäumen, hie und da sieht man auch noch den modernden Stumpf eines größeren Baumes, was beweist, daß der Hügel einst mit dickem Gehölz bewachsen war. Dies dürfte sogar noch von der Zeit gelten, da der Prophet 1823 den Fleck zum ersten Male besuchte.

Zweifelsohne ist Cumorah das auffallendste Landesmerkmal in jener ganzen Umgegend, der höchste und bedeutendste Hügel auf einer als ausgedehnt zu bezeichnenden, nach Norden sich neigenden Ebene, bedeckt von zahlreichen, unregelmäßigen Hügeln, deren größte Ausdehnung, wie Cumorahs, vom Norden nach Süden ist und am nördlichen Ende die größte Höhe erreichen. Es ist ja bemerkenswert, daß die Seen vom mittleren und westlichen Neuyork ebenfalls die größte Ausdehnung vom Norden nach Süden haben. Das wohl, weil die meisten nur längliche Wasserflächen sind, die an den niedrigeren Flecken zurückgelassen wurden, als das große Gewässer, welches vor alters die ganze Umgegend bedeckte, sich mit hinreißender Kraft nach dem Norden wandte und den Seen, sowie den Flüssen auf dieser nördlichen Abdachung der großen, im südlichen Neuyork, nördlichem Pennsylvanien, Ohio und Indiana befindlichen Wasserscheide, die ja das Bett der Großen Seen und das Tal des St. Lawrence vom Tal des Ohio und des Mississippi trennt, ihre allgemeine Gestalt verlieh.

Westlich Cumorahs ist das Land offener als am Süden oder Osten. Anhöhen sind seltener, die Ebene ist von größerem Umfang. Obwohl das nach Süden und Osten sich streckende Land gebrochen ist und die zahlreichen Hügel höher sind als die am Westen, so ist trotzdem die Höhe des Hügels Cumorah so bedeutend, daß die Aussicht auf viele Meilen ringsum ungehindert bleibt. Nördlich kommen Anhöhen am meisten vor; dazwischen findet sich die Stadt Palmyra und, weiter entfernt am Fuße dieser zahlreichen Hügel, der jetzt „Canagrie-Creek" genannte Bach, der nichts ist als ein unbedeutender Nebenfluß des Clyde, in den er sich, wenige Meilen entfernt, ergießt.

So ist der Hügel Cumorah, so seine Umgebung; der Hügel „Ramah" der Jaraditen; „Mormonenhügel" oder „Mormonenbibel-Hügel", wie er jetzt von den Einwohnern Palmyras geheißen wird. „Auf der westlichen Seite dieses Hügels unweit des Gipfels lagen unter einem Stein von beträchtlicher Größe die Platten (des Buches Mormon), verwahrt in einem steinernen Kasten. (Manual 1904—5.)

Ein einfaches Zeugnis.

Freiburg, den 30. März 1907.

Lieber Bruder in Christo!

Erlaube mir, Ihnen mein Zeugnis zu übersenden, vielleicht können Sie's im „Stern" verwenden. Ich fühlte in mir das Bedürfnis, dasselbe einmal auszuarbeiten und zu veröffentlichen.

Es sind jetzt ungefähr drei Jahre verflossen, seitdem ich mit dem ersten Mormonen verkehrte. Diesen Mormonen lernte ich nicht im Wirtshaus, sondern bei der Arbeit kennen. Es traf sehr zufällig zu, daß ich mit ihm zusammenkam. Eines Tages unterhielten wir uns über Gott und Religion. Er sagte seine Überzeugung, und ich meine Meinung, wie ich eben gelehrt wurde, obschon ich zugeben muß, daß ich schon sehr oft daran gezweifelt hatte. Meine Eltern waren evangelischer Konfession, und ich wurde natürlich darin getauft und erzogen. Mitunter fand ich gewiß auch Gutes, was ich ja heute noch zu schätzen weiß.

Meine Jugendzeit war nicht gerade schön; denn meine Eltern waren arm, und ich war daher schon früh genötigt, sie zu unterstützen. Meine Pflichten gegen sie aber erfüllte ich bis zu ihrem Tode. Der Umgang mit jungen Burschen brachte mich bald ins weltliche Treiben hinein, und wir lernten Wirtshäuser besser lieben als Kirchen. Heute weiß ich aber, was der Herr mit mir gewollt; ohne Unterlaß schaffte er mit mir. Diesem Treiben wollte ich daher stets absagen, denn ich sah ein, daß es Körper und Geist verdirbt. Wenn ich aber mit meinen Kollegen mich solchen Gelagen hingab, empfand ich doch eine Freude daran.

An eine höhere Macht, als die der Menschen, glaubte ich immer; aber an einem lebendigen Gott zweifelte ich gar sehr. Andere Glaubensparteien wurden nach und nach von mir untersucht, jedoch fand mein Geist nirgends Befriedigung. Die Ungerechtigkeit, der Klassenunterschied und sonstige Wahrnehmungen, dachte ich, sollten nicht so viel in der Kirche Gottes vorkommen. Ich meinte immer: sie nennen sich alle Christen, sind aber tot im Halten der Gebote. Schließlich kam ich zur Ansicht: Lebe, wie es dir gefällt und nützlich ist!

An dem Tage aber, da ich mit meinem Arbeitskollegen die betreffende Unterhaltung hatte, entflammte sich in mir das Gefühl, die Lehre, von der mein Freund sprach, zu untersuchen. Er sagte mir, daß die Gemeinde und die Ämter wieder existieren, wie zu Christi Zeit; daß Gott wieder mit seinem Volke verkehre und ihm seinen Willen offenbare. Von diesem Tage an begann ich, die Lehre und die Schriften dieser Kirche mit der Bibel zu vergleichen, und fand, daß alles ganz genau übereinstimmt. Ich kam nun auch mit anderen Mormonen in Verkehr, hatte aber keine Gelegenheit, etwas Böses an ihnen zu finden; denn sie lebten alle nach ihrer Religion. Ich fand die Stelle in der Bibel: „So jemand wird den Willen tun meines Vaters im Himmel, der wird inne werden, ob diese Lehre von Gott sei, oder ob ich von mir selbst rede." Ich studierte die heilige Schrift, besuchte Versammlungen, welche mir sogleich sehr gut gefielen. Auch versuchte ich zum erstenmale in meinem selbständigen Leben, zu meinem himmlischen Vater zu beten. Mit demütigem Herzen bat ich um Weisheit, ich flehte den Herrn, sich meiner anzunehmen und mir den Weg zur Seligkeit zu zeigen. Liebe Geschwister und Freunde, nicht eine Stunde im Leben kenne ich, die mich stärker angegriffen hätte wie diese. Ich konnte mich nicht mehr beherrschen; weinend erkannte und bekannte ich mein gottloses Leben; der Herr war mit seinem Geiste bei mir, und eine Stimme in meinem Gewissen sprach: „Untersuche und halte die Gebote, so wirst du den Weg zur Seligkeit finden."

Es war mir, als hätte ich mit jemand einen großen Prozeß gehabt und denselben gewonnen. Ich verrichtete jeden Tag meine Gebete und trachtete darnach, den Geboten gemäß zu leben. Unterdessen studierte ich fortwährend die Schrift. Nun kamen Verfolgungen an die Reihe, meine Eltern und Geschwister konnten nicht begreifen, warum ich mich auf einmal so sehr für die Bibel interessiere. Sie sagten, es sei einmal so eingeführt, man müsse eben mitmachen, wie die Pfarrer lehren. Meine Kollegen kamen und sagten, ich solle den Blödsinn gehen lassen, es habe doch keinen Wert. Vielmals wurde ich auch scharf verhöhnt. Ich ließ mich aber nicht abwendig machen, sondern untersuchte immer fleißiger, scheue auch heute noch keine Verfolgungen.

Nachdem ich überzeugt war, daß Gott, der Herr, lebt und daß er sich den Menschen offenbart, wenn sie sich aufrichtig und mit demütigem Herzen an ihn wenden; als ich nicht mehr daran zweifelte, daß diese Kirche, die seinen Namen trägt, die allein wahre Kirche ist: dann ließ ich mich taufen und wurde durch bevollmächtigte Diener konfirmiert. Von dem Tage an war es meine Bestrebung, die Gebote des Herrn zu befolgen. Durch die Kraft des Herrn konnte ich viele Untugenden ablegen und fühle mich heute glücklicher als je zuvor, der Kirche des Herrn angehören zu dürfen. Ich kenne die Segnungen und die Kraft des Evangeliums. Die Hauptsache ist, daß es Freunde und Feinde erkennen.

Erst kürzlich sagte mir jemand, seitdem ich zu den Mormonen gehöre, sei ich ganz anders. Mein Bruder ist gerade das Gegenteil, er kommt immer mehr in das weltliche Treiben hinein, während ich mich auf gewisse Grenzen zurückgezogen habe. Liebe Geschwister, sorgt, daß der Spruch des Herrn wahr bleibe:

„An ihren Früchten sollt ihr sie erkennen." Durch schöne Reden allein können wir dem Herrn nicht angenehm erscheinen, sondern nur durch gute Werke, sodaß auch unsere Feinde uns zu ihrem Nachteil als das Volk des Herrn erkennen müssen. Bekennt euch vor den Leuten als Heilige der letzten Tage und bestätigt es durch eure Taten, auch sucht bei jeder Gelegenheit, sie auf die Wahrheit zu leiten, so werden wir Gott ein wohlgefälliges Werk verrichten. Nach der Arbeit folgt der Lohn.

Die besten Grüße an Sie und Ihre liebe Familie sendet

Ihr Bruder

Freiburg im Breisgau.   Johann Mack.

Taufe und die Versöhnung Christi.

Bei Unterhaltung mit Leuten über das Thema, Taufe zur Vergebung der Sünden, wird mir oft Folgendes vorgeworfen: „Nun, glauben Sie denn an die Versöhnung Christi nicht?" Man bekommt den Eindruck, wenn wir einem die Lehre der Taufe zur Vergebung der Sünden darlegen, daß wir die Vergebung der Sünden durch das Sühnopfer Jesu Christi abschaffen möchten. Es dünkt einige unmöglich, die beiden zu einigen. Seit altersher hat man die Menschen gelehrt, daß durch die Vergießung von Christi Blut alle ihre Sünden gebüßt seien und das auch ohne jedes Verdienst ihrerseits, also durch den bloßen Glauben an ihn; der Glaube hieß dabei soviel wie eine Geistesstimmung. Natürlich war das ein Irrtum.

Christus kam, um eine zweifache Mission zu erfüllen. Durch die Uber=tretung unserer ersten Eltern kam die Sünde in die Welt, und der Tod wieder=fuhr aller Menschheit, wie Paulus in seinem Römerbrief (1:5) erklärt: „Gleichwie also durch einen Menschen die Sünde in die Welt gekommen und durch die Sünde der Tod, so hat sich der Tod über alle Menschen verbreitet, indem alle gesündigt haben". Wären die Verhältnisse so geblieben, wie sie vor Christi Kreuzigung waren, so würden unsere Körper ewig im Grabe bleiben müssen, und es könnte keine Auferstehung stattfinden; in dem Falle wäre es ja ganz unmöglich, „voll=kommen zu werden, wie unser Vater im Himmel vollkommen ist". Allein in seiner Gnade ließ Gott nicht zu, daß wir in jenem Zustand bleiben, daher wurde durch seine Weisheit und Vorkenntnis Jesus Christus vor der Grundlegung der Welt bestimmt, zu kommen und des Todes Banden zu brechen, um die Wieder=vereinigung der Seele und des Geistes herbeizuführen. Um dieses zu verwirk=lichen, mußte einer sich hingeben, der in sich selbst die Kraft hatte, das Leben niederzulegen und wieder aufzunehmen. Daher wurde eine solche Person aus=erlesen. Dieses Werk wurde vollbracht, als Christus an Golgathas Kreuz starb und am dritten Tage auferstand. Dadurch wurde allen Menschen eine Auf=erstehung zugesichert. „Denn wie durch einen Menschen der Tod kam, so auch durch einen Menschen die Auferstehung der Toten. Wie nämlich durch Adam alle sterben, so werden auch durch Christus alle wieder ins Leben gebracht werden." (1 Kor. 15:21, 22.) Von der Race, Sekte oder Farbe ganz abgesehen, werden alle Menschen, die hier auf Erden im Tabernakel des Fleisches weilen, zu Teil=nehmern an dieser Erlösung gemacht, und ihre Körper und Geister werden zur rechten Zeit des Herrn wieder vereinigt werden. Für die ganze Menschheit, so weit es diese Welt angeht, erlangte Christus den Sieg über das Grab und machte des Todes Stachel ein Ende. Daher ja die leichtverständliche Aussage von Paulus: „Wo ist dein Stachel, Tod? Wo ist dein Sieg, o Hölle?" Dies ist eine allgemeine Erlösung, sie kam durch die Gnade Gottes und nicht etwa durch irgend welches Verdienst der Menschen. „Denn aus Gnade seid ihr selig ge=

worden durch den Glauben, und dieses nicht von euch selber, Gottes Gabe ist es; nicht der Werke Lohn, daß nicht jemand sich rühme." (Eph. 2:8, 9.)

Christus andere Mission war nun, die Menschen zu lehren, wie sie durch Gehorsam die Folgen ihrer persönlichen Sünden umgehen und durch ihre guten Werke eine Erlösung im himmlischen Reiche Gottes erlangen konnten. Er büßte für unsere persönlichen Sünden durch die Vergießung seines Blutes, aber deren Beziehung auf die Menschen wird auch ihren Gehorsam zu dem von ihm gegebenen Plane bedingt. „Und wiewohl er Gottes Sohn war, so hat er doch in seinem Leiden Gehorsam gelernt. Nachdem er aber vollendet, ist er allen, die ihm gehorchen, Urheber der ewigen Seligkeit." (Ebräer 5:8, 9.)

Nachdem wir den Glauben an Gott haben und unser Verlangen, ihm zu dienen, durch eine aufrichtige, echte Buße für begangene Sünden erwiesen wird — doch besteht das in einem Abwenden von der Schlechtigkeit und ein Unterlassen von jedem weiteren Vergehen —, hat er uns einen Weg gebahnt, auf dem unsere persönlichen Sünden uns vergeben werden: d. h. durch die Taufe. „Nicht insofern sie nur eine Ablegung körperlichen Schmutzes, sondern eine Angelobung eines guten Gewissens vor Gott ist" (I Pet. 3:21.).

Daß letzteres das rechte Mittel zur Erlangung einer Sündenvergebung ist, wird durch Petrus Aussage am Pfingsttag klar bewiesen. Nachdem er die Menge von der göttlichen Echtheit Christus Mission überzeugt hatte, sagte er ihnen: „Tut Buße, und jeder unter euch lasse sich auf den Namen Jesu Christi zur Vergebung der Sünden taufen", dann versprach er ihnen die Gabe des heiligen Geistes. Daß dies sich heute auf uns bezieht, ist ebenfalls klar und deutlich; „Denn euch und eure Kinder gehet diese Verheißung an, ja alle noch Entfernten, so viele ihrer der Herr, unser Gott, herderufen wird."

Bestände diese Reinigung von allen Schlacken des Bösen nicht, so könnten wir nicht in das Reich Gottes eingehen; denn Sünde und Verwesung kann dort nicht weilen. Durch die Taufe in Christum wird „unser alter Mensch mit ihm gekreuzigt, damit der Sündenkörper zerstört werde und wir nicht mehr der Sünde dienen". (Römer 6:6.) Wir werden mit ihm in der Taufe begraben und, mit Sünden vergeben, kommen im Ebenbild seiner Auferstehung hervor, von Gott gereinigt von aller Sünde durch das Opfer Christi, um im neuen Leben zu wandeln. Sodann, nachdem wir mit dem heiligen Geist, unserem zukünftigen Lichte, angetan sind, sollten wir uns zu dem wenden, was zum Vollkommenen gehört, „ohne noch einmal Grund zu legen bei der Bekehrung von toten Werken und dem Glauben an Gott, usw.". (Ebräer 1:1.) Auf unserer Befolgung dieser Vorschrift beruht unsere Erhöhung im himmlischen Reiche unseres Vaters. Daher sollten Werke der Finsternis nicht in uns zu finden sein; denn „wenn wir sagen: wir haben Gemeinschaft mit ihm, und doch noch in Finsternis wandeln, so lügen wir und handeln nicht der Wahrheit gemäß. Wandeln wir hingegen im Lichte, wie er im Lichte ist, so haben wir Gemeinschaft miteinander, und das Blut Jesu Christi, seines Sohnes, macht uns rein von aller Sünde". (I Joh. 1:6, 7.)

(Ben C. Rich in Mill. Star.)

Konrad und der Storch.
Für artige Kinder.

In einem Dorfe in Norwegen gibt es sowohl über der Kirche als auch über vielen Häusern einen geschnitzten Storch. Dies ist die schöne Geschichte, die man darüber erzählt: In jenem Dorfe lebten einmal ein armer Knabe, namens Konrad, und seine verwitwete Mutter. Jeden Frühling pflegte ein Storch nahe zum Hause zu kommen und dort in nächster Nähe sein Nest zu bauen. Der kleine Konrad und seine Mutter behandelten den Storch sehr gut. Sie fütterten und hätschelten ihn, sodaß er sie gut kennen lernte und sogar herbeiflog, um aus der Hand zu fressen, wenn Konrad nur pfiff. Jeden Frühling wartete man auf ihn, und wenn er gekommen war, schien er ebenso froh zu sein, sie wiederzusehen, als sie waren, ihm wieder einen Willkomm zu bereiten. Frühling und Sommer wechselten und Konrad wurde ein junger Mann. Dann sagte er, er würde zur See gehen und Geld genug verdienen, um bei seiner Rückkehr die Mutter in ihrem hohen Alter zu unterstützen. Also wurde er Seemann und schiffte sich nach einem weit entlegenen Lande ein. Alles verlief wohl und gut auf einige Wochen; allein eines Tages, als man unweit der Küste Afrikas segelte, umringten das Schiff eine große Anzahl Seeräuber in ihren Boten und kletterten wild hinauf. Sie nahmen das Schiff in ihren Besitz und steckten die Matrosen in Ketten, und später verkauften sie diese als Sklaven.

Wochen verstrichen. Die Witwe fing an, sich um ihren Sohn zu ängstigen, da es so lange war, seit man Nachrichten von ihm erhalten hatte. Schiffe waren eingetroffen und wieder abgesegelt, doch brachte keines Kunde von ihm. Endlich gab man alle Hoffnung, ihn wiederzusehen, auf und beweinte ihn für ertrunken, und das ganze Dorf bedauerte die arme Mutter in ihrem Kummer. Was sie anbetrifft, so war der Storch, der jahrein, jahraus wiederkehrte, das einzige, was sie überhaupt zu interessieren schien. Um Konrads willen ließ sie den willkommen sein und fütterte ihn, bis der Herbst heranrückte und er nach dem sonnigen Süden fortflog.

Nun traf es eines Tages zu, daß, als der arme Konrad sich bei seiner mühseligen Arbeit an einem einsamen Orte plagte, ein Storch nahe an ihm vorbeiflog und mit scheinbarem Entzücken um ihn herumflatterte. In einem Nu fiel dem Konrad die Erinnerung an seine Heimat, seine Mutter und ihren alljährlichen Gast ein. Fast unwillkürlich pfiff er, wie er vor so vielen Jahren zu tun gepflegt, um den Vogel herbeizurufen. Zu seiner großen Freude kam der Storch sofort auf ihn zu, wie um gefüttert zu werden. Konrad erhob sein Herz zu Gott und dankte unter heißen Tränen, daß ein so lieber alter Freund ihn dort gefunden habe. Tag um Tag sparte er so viel von seinem armseligen Essen auf, als er konnte, nur wegen der Freude, den Vogel herbeizurufen, um ihn aus der Hand fressen zu lassen. Aber Konrads Herz wurde wieder schwer, als die Zeit anrückte, wo der Storch nach dem Norden kehren sollte.

Würde dieser zu der Hütte der Mutter gehen? War das Nest, an das er sich so gut erinnerte, immer noch am gleichen Orte? War irgend einer noch dort, um ihn willkommen zu heißen und zu füttern? Dann fiel es ihm ein: „Nun, dieser Vogel könnte mir gute Dienste leisten, diesem schrecklichen Orte zu entkommen". Es gelang ihm, eine oder zwei Zeiten zu Papier zu bringen, darin er seinen Aufenthalt und sein Schicksal, Sklave zu sein, angab und darauf band er das Stückchen Papier fest um des Vogels Bein.

Der Frühling brach herein, mit ihm kam auch der Storch. Die Augen der alten Witwe hellten sich wieder auf, als dieser kam und sie an ihren verlorenen Sohn erinnerte; zärtlich bewillkommnete und fütterte sie ihn. Als dieser aber das Futter aus der Hand fraß, bemerkte sie den sonderbaren Brief, der um sein Bein gebunden war. Als sie nun diesen aus Neugier entfernt hatte, wie groß war ihre Freude, zu erfahren, daß er von ihrem Sohn war. Sogleich lief sie mit der Nachricht zum Pfarrer der kleinen Gemeinde, um ihm die fröhliche Kunde zu überbringen. Sehr schnell verbreitete sich das Gerücht auch durch das ganze Dorf. Man solle Lösegeld schicken und den Konrad befreien, sagte dann jeder. Am nächsten Sonntagmorgen brachten nun alle ihr Geld zur Kirche, und jeder steuerte für den Sohn der Witwe so viel bei, als er konnte. Auch ließ einer die Sache vor den König des Landes dringen, um von ihm ein Kriegsschiff zu erlangen, das die Seeräuber gar nicht angreifen durften.

Es dauerte lange Zeit in jenen Tagen, nach Afrika Leute zu senden und dortselbst Konrad aus der Sklaverei zu befreien. Aber ehe der Storch wieder Abschied nahm, hatten die Glocken der Dorfkirche geläutet und alle die Leute vor großer Freude gejudelt; denn der Sohn der Witwe war befreit und wohlbewahrt wieder zur Hütte der Mutter zurückgebracht worden.

Das ist die Geschichte, die man in jenem kleinen norwegischen Dorfe über den Storch erzählt.   („British Workman".)

Warum Kuchen schädlich ist.

Gute Kuchensorten ernötigen die Mischung von Mehl und Fett. Die Stärke= körnlein im Mehl müssen Wasser aufsaugen, anschwellen und bersten, bevor sie sich richtig verdauen lassen. Das geringe Quantum Wasser und das verwendete Fett liefern nicht genügende Flüssigkeit, um dieses zu ermöglichen. Die Fettschicht um die Stärkekörnchen verhindert die Einwirkung des Speichels während des ersten Verdauungsstadiums, daher wird die Stärke gar nicht verarbeitet, bis das Ver= dauen ziemlich weit vorgeschritten ist. Aus diesen Gründen sind Kuchensorten nicht als nahrhafte Speise zu empfehlen.   (Character Builder.)

Angekommen.

In letzter Zeit sind folgende Älteste auf dem Missionsfelde eingetroffen:
Am 16. Juni Phineas R. Wight, am 17. Juni August W. Raymon und am 18. Juni Joseph W. Murray. Sie sind je der Frankfurter, der Ham= burger und der Zürcher Konferenz zugewiesen worden.

Den 13. Juli trafen folgende Brüder ein und wurden an der Zusammen= kunft zu Darmstadt den genannten Konferenzen zugeteilt:

Franklin H. Newman und James H. Gardner jun. der Breslauer Konferenz, Willard H. Reynolds der Berliner Konferenz, Merlin R. Hovey der Dresdener und James R. Miller der Leipziger Konferenz.

Wir wünschen den Brüdern ein freudenreiches Wirken.

Ehrenvoll entlassen.

Am 15. Mai sind nachstehende Älteste von ihrem Missionswirken ehrenvoll entlassen worden:

Ernst Hasen, den 26. Oktober 1904 eingetroffen, arbeitete in den Berner und Frankfurter Konferenzen.

David Rüesch, am 1. November 1904 angekommen, wirkte die ganze Zeit in der Zürcher Konferenz, deren Präsident er im Herbst 1906 wurde.

Ernest C. Foutger, am 3. Oktober 1904 eingetroffen, tätig während der ersten Monate in der Zürcher Konferenz, war später jedoch fast zwei Jahre Sekretär der Mission.

John L. Hatch, am 21. Februar 1905 angekommen, arbeitete ausschließ= lich in der Berner Konferenz.

Den 15. Juni wurde Roy L. Clark entlassen. Am 12. Juli 1904 an= gekommen, hatte er abwechselnd in den Zürcher, Leipziger und Breslauer Kon= ferenzen mit Erfolg gearbeitet.

Am 20. Juni erfolgten noch nachstehende Entlassungen:

W. W. Murdock, den 6. September 1904 angekommen, in den Zürcher, Leipziger und Breslauer Konferenzen tätig gewesen.

Earl J. Glade, am 6. September 1904 eingetroffen, zuerst in der Frank= furter, darauf als Präsident in der Breslauer Konferenz tätig.

George J. Stäheli, am 26. Oktober 1904 angekommen, arbeitete in den Zürcher und Berner Konferenzen.

Wir beglückwünschen die Brüder über ihre vollbrachte Arbeit und hoffen drüben eine Fortsetzung der guten Bestrebungen zu ersehen.

Gestorben.

Nachträglich berichten wir folgende Todesanzeigen aus Utah:

Christian Berger, geboren den 13. April 1856 in Kreuzenberg, Kt. Bern. Nahm das Evangelium 1886 an und wanderte nach Zion aus. Gestorben am 15. Februar 1907 zu Montpellier.

Jakob Straubhaar, am 15. Juni 1838 zu Niederstocken, Kt. Bern, geboren. Nahm das Evangelium 1883 an und wanderte im gleichen Jahr nach Bärensee, Idaho, aus. Es traf ihn der Tod am 15. April d. J. in seinem 69. Lebensjahr. Beide Brüder blieben bis ans Ende glaubenstreu.

Anna B. Fischknecht, geboren den 11. Dezember 1822 zu Herisau, Kt. Appenzell. Schwester Fischknecht nahm das Evangelium Anfang 1871 an und wanderte 1876 nach Zion aus, wo sie den 17. April d. J. vom Leben abschied. Sie hinterläßt zwei Söhne und fünf Großkinder.

Wegen Umständen kamen noch vier Todesfälle nicht rechtzeitig zur Anzeige.

Frère Alexandre Pernoux, né le 10 Février 1820, baptisé le 21 Août 1892, et mort le 4 Février 1907 à Genève.

Schwester Friedricke Sophie Wolf, die am 24. Dezember 1863 geboren, am 6. August 1905 zu Heilbronn getauft wurde und den 11. Mai 1907 dortselbst verschied.

Der kleine Wilhelm F. A. Linnighäuser, geboren den 10. März 1903, gestorben am 20. Mai d. J. zu Karlsruhe.

Am 27. April 1907 starb zu Dürrenast bei Thun Schwester Lucia Winterberger, geboren den 31. Mai 1864, getauft am 10. Januar 1900.

Außerdem ist noch bekanntzugeben:

Am 2. Juni 1907 starb zu Königsberg Bruder Johann Fischer, geboren am 2. September 1828, getauft am 11. September 1902.

Am 9. Juni 1907 starb zu Leipzig der kleine Paul Erich Eißler, geboren den 22. Februar 1904, gesegnet am 16. Februar 1905.

Am 15. Juni 1907 starb zu Karlsruhe Schwester Anna B. Keller, geboren den 28. Februar 1869, getauft den 4. April 1901.

Am 22. Juni starb zu Göppingen Schwester Lisette Lies, geboren am 4. Februar 1841, getauft den 6. April 1882.

Am 23. Juni 1907 starb zu Königsberg Schwester Emma Henriette Krämer, geboren den 19. Dezember 1863, getauft am 2. Juni 1906.

Den trauernden Hinterbliebenen drücken wir hierdurch unser tiefgefühltes Beileid aus.

Inhalt:

Was hat der Mormonismus für die Frauenwelt getan? 225
Die Ethik des Unheiles 228
Zimmer, „Familienvater, Christ und deutscher Pastor" . . . 230
Der Hügel Cumorah 233
Ein einfaches Zeugnis 234
Taufe und die Versöhnung Christi 236
Konrad und der Storch 237
Warum Kuchen schädlich ist . . . 239
Angekommen 239
Ehrenvoll entlassen 239
Gestorben 240

Der Stern erscheint monatlich zweimal. Jährlicher Bezugspreis: 5 Fr., Ausland 4 Mk., 1 Dollar.

Verlag u. verantwortliche Redaktion, sowie Adresse des schweizerischen und deutschen Missionskontors:

Serge F. Ballif, Höschgasse 68, Zürich V.

Druck von Jean Frey, Dianastraße 5 u. 7, Zürich. 5625

gu am Zeit.

l Rud zu Sangenberg, Kt.
u und Zun am. Gestorben

zu Unterseebachen, Kt. Bern,
lime zu gleichen Jahre nach
i April d. J. in seinem
Hundeszeim

laiter 1872 zu Seelzau, Kt.
ihren Anfang 1871 an und
3 zum Leben erwählt. Sie

ir milchselig zur Anzeige.
ir 1878 baptisé le 21 Août

am 3. Dezember 1863 ge-
im und am 11. Mai 1907

gestorben den 14. März 1903,

ir Dam Schwester Luzie
8 am 21. Januar 1900.

der Johann Fischer, ge-
im 1842.
r Paul Erich Eichler, ge-
am 1868.
ihr Anna B. Keller, ge-
96.

Schatte Lies, geboren am

gnädige Emma Henriette
am 2. Juni 1904.
durchweg unser heißgefühltes

CPSIA information can be obtained
at www.ICGtesting.com
Printed in the USA
LVHW080042091218
599499LV00011BB/164/P